A parábola do
filho pródigo
Paulinas
CB061654

Um homem tinha dois filhos.
O mais jovem disse ao pai:
"Pai, dá-me a parte
da herança que me pertence!"

O pai dividiu
os bens entre os dois.
Depois de alguns dias,
o filho mais jovem
partiu para uma
região distante...

... e lá esbanjou
os seus bens.

Quando tinha esbanjado
tudo o que possuía,
ele começou a passar
necessidade.

Então, foi pedir trabalho
para um dos
moradores locais,
que o mandou
cuidar dos porcos.

Ele sentia muita fome...
Então, caiu em si e disse:
"Vou voltar para meu pai e dizer-lhe que errei e que quero trabalhar para ele como um dos seus empregados".

Assim, foi para a sua casa.
Quando o pai o viu chegando,
comovido, correu ao seu encontro...

... abraçou-o e beijou-o.
O filho começou a se desculpar,
mas o pai o interrompeu
e disse:

"Tragam logo a roupa mais bonita,
coloquem-lhe o anel no dedo e as sandálias nos pés;
matem o bezerro mais gordo e vamos festejar".

O filho mais velho, que estava na roça,
voltando para casa, ouviu música.

Chamou um empregado
e perguntou o que estava
acontecendo. Ele respondeu:
"Estamos festejando
a volta do seu irmão".
O filho mais velho ficou
com raiva e não queria
entrar em casa.

O pai, então, saiu e disse que o amava
e que tudo o que tinha era também dele...

... mas precisava
festejar porque
o irmão tinha
se perdido
e agora
estava de
volta.

Deus é um pai que não se esquece nunca de nós, cheio de misericórdia, justamente como o pai da parábola, que perdoa sempre, ainda mais quando reconhecemos que erramos e temos a humildade de voltar para ele, como fez o filho mais jovem.

Ele nos espera sempre de braços abertos, não faz distinção de pessoas e acolhe a todos.

Quando pensamos que somos obedientes, perfeitos, que sempre cumprimos nosso dever, como o filho mais velho, não devemos mostrar-nos ciumentos ou invejosos, se sentimos que não somos recompensados pelo nosso comportamento; devemos, ao contrário, perguntar-nos se aquilo que fazemos é verdadeiramente fruto do amor ou é força do hábito.

Quais são as coisas que o pai dá ao filho para festejar a sua volta para casa?

Marque com um X o quadradinho correspondente ao objeto correto e, depois, escreva o nome de cada um nas linhas abaixo.

Qual é o sentimento que leva o pai a receber o filho de volta?

Organize as letras contidas no balão e forme a palavra, escrevendo-a na linha amarela, no pé da página. Depois, pinte o desenho.

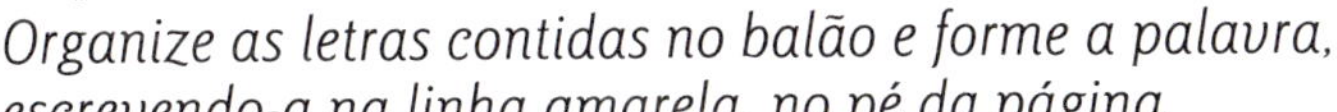

O que aconteceu entre pai e filho, quando este último voltou para casa? Eles se...

Seguindo o caminho a partir da flecha,
escreva a letra inicial de cada objeto na linha azul.
Você vai encontrar a solução.